PE. GERVÁSIO FABRI DOS ANJOS, C.Ss.R.

NOVENA DE SÃO JUDAS TADEU

EDITORA
SANTUÁRIO

Revisão : Elizabeth dos Santos Reis
Diagramação : Juliano de Sousa Cervelin
Capa : Bruno Olivoto

ISBN 85-369-0006-7

1ª impressão: 2005

8ª impressão

Todos os direitos reservados à **EDITORA SANTUÁRIO** – 2022

Rua Pe. Claro Monteiro, 342 – 12570-000 – Aparecida-SP
Tel.: 12 3104-2000 – Televendas: 0800 - 0 16 00 04
www.editorasantuario.com.br
vendas@editorasantuario.com.br

SÃO JUDAS TADEU

São Judas Tadeu foi um dos doze apóstolos escolhidos por Jesus para segui-lo.

No tempo de Jesus as pessoas eram identificadas pela profissão ou pelo nome do pai ou do lugar onde nasceram. Assim lemos na Bíblia "Simão de Cirene", o Cireneu, que ajudou Jesus a carregar a cruz (Lc 23,26). O mesmo aconteceu com São Judas, filho de Tiago (Lc 6,16), e também chamado de "Tadeu" por São Marcos e por São Mateus (10,4).

São Mateus (13,56) põe São Judas, nome comum entre os judeus, na lista dos assim chamados "irmãos de Jesus". Na língua hebraica usa-se a palavra "irmão" para designar qualquer parentesco, e quem não sabe disso acaba pensando que Maria, mãe de Jesus, teve outros filhos. Por isso São Judas, filho de Tiago, era parente de Jesus, a que se chamava com o nome genérico de "irmãos".

Depois que os parentes e familiares de Jesus passaram a aceitar sua pregação, a mãe de Tiago fazia parte do grupo de mulheres que seguiam Jesus na Galileia. Pode-se perceber que a família de São Judas Tadeu tinha amizade e amava muito Jesus. Essa amizade cresceu muito quando São Judas passou a conviver com Jesus. Foi ele quem lhe perguntou: "Senhor, por que te manifestarás a nós e não ao mundo?" A essa pergunta Jesus responde: "Se alguém me ama, guardará minha palavra; meu Pai o amará, nós viremos a ele e faremos nele nossa morada. Quem não me ama, não guarda minhas palavras, e a palavra que ouvis não é minha, mas do Pai que me enviou" (Jo 14,23-24).

Após a descida do Espírito Santo no Cenáculo, os apóstolos espalharam-se em várias regiões para pregar o Evangelho de Jesus. São Judas Tadeu dirigiu-se para Síria, Mesopotâmia e Armênia. O historiador Nicéforo diz que ele morreu martirizado em Edessa, a golpes de machado. Escreveu para as Comunidades cristãs uma carta que leva seu nome. Nessa carta ele critica fortemente os ímpios que se introduziram de modo disfarçado nas Comunidades cristãs, desmoralizando-as. Suas relíquias são veneradas na Basílica de São Pedro, em Roma, para onde foram transferidas do Oriente para o Ocidente, nos anos 800 aproximadamente. São Judas é celebrado no Oriente no dia 19 de junho, desde os primeiros séculos do cristianismo. Mais tarde essa veneração expandiu-se também pelo Ocidente, sendo sua festa celebrada pela liturgia, juntamente com São Simão, no dia 28 de outubro.

COMO FAZER A NOVENA
(Roteiro para todos os dias)

1. Oração inicial

— Em nome do Pai, do Filho e do Espírito Santo.
— Amém.

— Vinde, Espírito Santo, enchei o coração de vossos fiéis com a Luz de vosso Espírito e acendei neles o fogo de vosso amor.
— Enviai vosso Espírito e tudo será criado.
— E renovareis a face da terra.

Oremos: Ó Deus, que iluminastes os corações de vossos fiéis com a luz do Espírito Santo, concedei-nos que, pelo mesmo Espírito Santo, saibamos sempre o que é correto e gozemos sempre de sua consolação. Por Cristo, nosso Senhor. Amém.

2. Oferecimento da Novena

Senhor Jesus Cristo, que chamastes São Judas Tadeu para vos seguir e o constituístes vosso Apóstolo, eu vos suplico, nesta novena, todas a graças espirituais necessárias para minha salvação. De maneira especial entrego a vós, glorioso São Judas Tadeu, minha prece por esta graça particular... *(pedir a graça particular da novena)*. Concedei-me firmeza na fé e constância na prática dos ensinamentos de Jesus. Socorrei-me nas tentações e defendei-me de todos os males do corpo e da alma. São Judas Tadeu, rogai por nós!

3. Palavra de Deus
(Própria de cada dia)

4. Reflexão e Oração do dia
(Próprias de cada dia)

5. Conclusão

Pelas intenções da Novena: Pai-nosso, Ave-Maria, Glória ao Pai.

6. Oração final

Glorioso São Judas Tadeu, com toda a confiança de meu coração, eu renovo meus pedidos espirituais e materiais, por mim e por todos os meus irmãos. Suplicai a Jesus por nós e que jamais nos afastemos dele em nossa vida. Dai-nos a paz e a serenidade de espírito para que vivamos felizes com a proteção divina. Amém.

— 1º Dia —

NOSSA FÉ EM DEUS

1. Oração inicial *(p. 5)*

2. Oferecimento da novena *(p. 5)*

3. Palavra de Deus *(1Jo 4,15-16; 5,1)*

Aquele que acredita que Jesus é o Filho de Deus, Deus permanece nele e ele permanece em Deus. Nós temos reconhecido o amor que Deus tem por todos nós e acreditamos nesse amor... Todo aquele que acredita que Jesus é o Cristo, esse nasceu de Deus.
— Palavra da Salvação.

4. Reflexão

A fé é acolher, de coração, Deus Pai e Jesus Cristo que Ele enviou a este mundo como prova maior de seu amor por nós. Há pessoas que imaginam a fé como se fosse uma conquista pessoal e fruto de uma sabedoria humana. Enganam-se. Ela é um presente de Deus, fruto da iluminação divina que provoca em nós um modo novo de ser e de viver para Deus e pelos irmãos. Por isso a Fé produz obras e se torna viva e eficaz, e nos ajuda a ver Deus, as pessoas e o mundo de maneira diferente.

Esse presente de Deus merece cuidados, protegendo-o dos maus costumes, dos pecados do prazer, dos apegos e das ganâncias por coisas que passam; o ódio e as injustiças abafam a fé em Deus. São Judas foi duramente provado em sua fé e amizade com Jesus, e por ele derramou seu sangue no martírio. De nossa parte, quantas vezes não expomos de maneira imprudente nossa fé! Quantas pessoas trocam sua fé em Jesus por coisas tão humanas e vulgares! Que São Judas ajude-nos em nossa Fé para com Deus e Jesus.

5. Oração do dia

Glorioso São Judas Tadeu, seguidor fiel de Jesus, eu vos suplico a graça de conservar e aumentar minha fé em Deus, em Jesus e em seus ensinamentos. Livrai-me do pecado que endurece meu coração, cega minha alma e me afasta do amor a Deus e a meus irmãos.

São Judas Tadeu, meu santo protetor, livrai-me da dissolução dos bons costumes, que leva as pessoas a desprezar a amizade com Deus e a enfraquecer sua fé. Tornai-me zeloso(a) e prudente para que nunca desapareçam de meu coração esse desejo e esse esforço em acolher Jesus em minha vida. Amém.

6. Conclusão e Oração final *(p. 6)*

— 2º Dia —

O PLANO DE DEUS

1. Oração inicial *(p. 5)*

2. Oferecimento da novena *(p. 5)*

3. Palavra de Deus *(Ef 1,4-6)*

Deus nos escolheu, antes da fundação do mundo, para sermos santos e íntegros diante dele, no amor. Conforme o desígnio benevolente de sua vontade, Ele nos predestinou à adoção como filhos e filhas por obra de Jesus Cristo, para o louvor de sua graça gloriosa.
— Palavra da Salvação.

4. Reflexão

Deus é a fonte de toda a vida. Ele é a perfeição eterna e imensa do amor que nunca esgota, nem termina. Desviar-se ou desligar-se dessa fonte é o que chamamos de pecado. Sem Deus toda criatura humana destrói a si mesma e se afasta do que Ele mais deseja de nós: fomos criados para chegar à plenitude da vida e de seu amor eterno; da felicidade e contemplação de sua glória. Por isso, sejamos santos e íntegros diante dele, como filhos e filhas, e por meio de Jesus Cristo. Não se ama o que não se conhece; não se procura o que não se dá valor. É importante reconhecer Deus acima de tudo; buscar Deus por meio de uma vida santa; conservar a fé por meio de atitudes íntegras. São Judas Tadeu foi chamado e escolhido por Deus para a missão de ser apóstolo de Jesus e ser o evangelizador na Síria, na Mesopotâmia e na Armênia. Ele foi fiel a sua vocação. E você, procura ser fiel a Deus?

5. Oração do dia

A vós recorro, meu bondoso protetor São Judas Tadeu, concedei-me a graça de ser santo e íntegro aos olhos de Deus. Foi Ele que me criou e me chamou para viver com Cristo e em Cristo, segundo seus desígnios de tanta bondade. Ajudai-me, glorioso apóstolo de Jesus, a viver na amizade com Deus, e a realizar da melhor maneira possível nesta vida o que Ele designou para mim. Sem a graça de Deus, posso perturbar-me e falhar, neste plano de meu Criador, por meio do pecado. São Judas Tadeu, ajudai-me a ser santo em meus trabalhos e exemplo para minha família; e tudo o que acontecer em minha vida seja para cumprir a vontade de Deus, agora e sempre. Amém.

6. Conclusão e Oração final *(p. 6)*

— 3º Dia —

UNIDOS EM CRISTO

1. Oração inicial *(p. 5)*

2. Oferecimento da novena *(p. 5)*

3. Palavra de Deus *(Jo 15,4-5)*

Como o ramo não pode dar frutos por si mesmo se não permanecer na videira, assim também vós não podereis dar fruto se não permanecerdes em mim... Aquele que permanece em mim e eu nele dará muitos frutos; pois sem mim, nada podeis fazer.
— Palavra da Salvação.

4. Reflexão

Fazemos parte de Cristo, pois somos ramos da mesma árvore cujo tronco é Jesus. Todo cristão é chamado a viver e permanecer unido a Ele, e sem Ele não se faz nada; não se produz frutos; não se tem vida na alma; significa estarmos mortos como galho seco e morto é o galho separado da árvore. São Judas Tadeu tornou-se zeloso apóstolo e produziu muitos frutos do evangelho porque sempre esteve unido com Jesus. Os cristãos de seu tempo puderam ver nele a vida de Deus que estava presente em sua alma. O ideal de nosso seguimento a Jesus é permanecer sempre unidos com ele. Isso nos faz cristãos, isso nos faz família de Jesus, e somos sua Igreja!

5. Oração do dia

Senhor Jesus, eu quero permanecer sempre unido convosco na vida nova que me destes no Batismo. Senhor Jesus, por intercessão de São Judas Tadeu, quero seguir-vos em toda a minha vida, apesar de todas as dificuldades que enfrento e das tentações que me cercam para me afastar de vós. Bom Jesus, ajudai-me a ser fiel nesses meus desejos e propósitos.

Bondoso São Judas Tadeu, aumentai minha fé em Jesus; defendei-me do pecado e da tentação em trocar a vida de Deus pelos prazeres e coisas que ocupam seu lugar em meu coração. São Judas, rogai por nós. Amém.

6. Conclusão e Oração final *(p. 6)*

— 4º Dia —

A IGREJA DE JESUS

1. Oração inicial *(p. 5)*

2. Oferecimento da novena *(p. 5)*

3. Palavra de Deus *(Mt 16,18; 28,20; 18,20)*

Jesus, ao fundar a Igreja, garantiu-lhe sua presença perene: "Tu és Pedro, e sobre esta pedra edificarei minha Igreja, e os poderes do inferno jamais conseguirão dominá-la... Eu estarei sempre convosco, até o fim do mundo... Onde dois ou três estão reunidos em meu nome, ali estou eu no meio deles!"
— Palavra da Salvação.

4. Reflexão

A Igreja é como nossa família. Na Igreja Cristo é o centro, Jesus é o fundamento, a raiz, o tronco, e nós somos os ramos unidos a Ele; através dele recebemos a seiva da vida de Deus. Sem Ele perdemos a graça que santifica, o dom da vida divina, a vida nova que Ele nos deu no batismo. Como na família, somos irmãos na mesma fé, ao redor do mesmo Jesus, o Filho Único e Ungido do Pai. São Paulo comparava Jesus à cabeça e nós cristãos aos membros de um mesmo corpo, batizados no mesmo Espírito. Por isso Jesus se torna um para todos, e é um absurdo querer viver fora dessa família de Jesus, separados! "Somos um só em Cristo Jesus" (Gl 3,28).

5. Oração do dia

Glorioso São Judas Tadeu, alcançai-me a graça de compreender e aceitar sempre Jesus em minha vida. "Vinde, Senhor Jesus, e possuí todo o meu ser, minha mente e meu coração. Eu quero vos seguir; eu quero estar sempre unido convosco." E vós, São Judas Tadeu, ajudai-me neste propósito de sempre permanecer na família de Jesus, sua Igreja. Dai-me força para sempre cumprir com fidelidade meus deveres de católico para com Deus e a Igreja. Amém.

6. Conclusão e Oração final *(p. 6)*

— 5º Dia —

A PRÁTICA DA FÉ

1. Oração inicial *(p. 5)*

2. Oferecimento da novena *(p. 5)*

3. Palavra de Deus *(Tg 2,14-17.26)*

Meus irmãos, que adianta alguém dizer que tem fé, quando não a põe em prática? A fé seria capaz de salvá-lo? Aos irmãos a quem falta a comida ou que não têm o que vestir, se lhes disser: "Ide em paz, aquecei-vos, comei à vontade", sem lhes dar o necessário para o corpo, que adianta isso? Assim também a fé, se não se traduz em ações, por si só está morta. Assim como o corpo sem espírito é morto, assim também a fé que não se põe em prática é morta.
— Palavra da Salvação.

4. Reflexão

Há pessoas que pensam que a fé é um sentimento apenas, enquanto que ela supõe o acolhimento da pessoa de Jesus como Filho de Deus e de tudo o que ele ensina e manda fazer. "Não são aqueles que dizem *Senhor, Senhor!* que entrarão no Reino do Céu, mas aquele que ouve minha palavra e a põe em prática", diz Jesus (Mt 7,21-24). Não basta somente não fazer o mal, é preciso praticar o bem, todos os dias. Praticar as boas obras em nome e por amor a Jesus Cristo, é a Ele que se faz (Mt 25,40).

5. Oração

Senhor, aumentai minha fé! Senhor, dai-me força para vos amar, todos os dias, por meio de meu próximo. Senhor, abri meus olhos para vos enxergar em cada irmão; abri meu coração para vos servir com boas obras a todos os que de mim se aproximarem.

A vós recorro, meu protetor São Judas Tadeu, e obtende-me a graça de purificar minha mente e meu coração para que o egoísmo se afaste de mim, e eu compreenda que Jesus me chama para uma vida mais cristã, mais caridosa, de maior testemunho em compartilhar tudo com meu próximo. Amém.

6. Conclusão e Oração final *(p. 6)*

— 6º Dia —

A TENTAÇÃO PARA O MAL

1. Oração inicial *(p. 5)*

2. Oferecimento da novena *(p. 5)*

3. Palavra de Deus *(Tg 1,13-15)*

Ninguém ao ser tentado deve dizer: "É Deus quem tenta", pois Deus não pode ser tentado pelo mal e menos ainda tentar alguém. Cada qual é tentado por sua própria concupiscência, que o arrasta e seduz. Em seguida, a concupiscência concebe o pecado e o dá à luz; e o pecado, uma vez maduro, gera a morte.
— Palavra da Salvação.

4. Reflexão

Há pessoas que consideram a tentação como uma fraqueza ou deficiência. Não é assim. A tentação faz parte da possibilidade que temos de escolher entre dois caminhos, o do bem ou do mal. Devemos, sim, estar atentos às solicitações que nos impelem para o pecado. O pecado vem de nossa própria concupiscência e nos arrasta e seduz. É preciso estarnos atentos com as ocasiões de pecar, com as imprudências, com a falta de vigilância. Você reza sempre: "Não nos deixeis cair em tentação", como pede Jesus? Muitos cristãos não progridem na fé porque são imprudentes, não rezam sempre e não são cuidadosos com as solicitações do mundo de hoje. Quais as ocasiões que levam você a pecar?

5. Oração do dia

Senhor Jesus Cristo, meu Deus e meu Salvador, eu vos suplico por intercessão de São Judas Tadeu: iluminai minha mente, fortificai minha vontade, purificai meu pobre coração tão frágil diante das tentações do mal. Dai-me, Senhor, o verdadeiro arrependimento de todos os meus pecados e a compreensão de que jamais serei feliz seguindo o caminho do mal. Por intercessão de São Judas, concedei-me a graça de rezar sempre em todos os momentos de ansiedades, de dúvidas e ocasiões de pecar. Senhor, não nos deixeis cair em tentação e livrai-nos de todo o mal. Amém.

6. Conclusão e Oração final *(p. 6)*

— 7º Dia —

PURIFICAR-SE DAS PAIXÕES

1. Oração inicial *(p. 5)*

2. Oferecimento da novena *(p. 5)*

3. Palavra de Deus *(Tg 4,1-4.8)*

De onde vêm as guerras? De onde vêm as brigas entre vós? Não vêm precisamente das paixões que estão em conflito dentro de vós? Cobiçais, mas não conseguis ter. Matais, fomentais inveja, mas não conseguis êxito. Brigais e fazeis guerra, mas não conseguis possuir... não sabeis que a amizade com o mundo é inimizade com Deus? Aproximai-vos de Deus e Ele se aproximará de vós. Limpai as mãos e purificai os corações, homens ambíguos.
— Palavra da Salvação.

4. Reflexão

Muitos de nossos sofrimentos são causados por nós mesmos. Sempre que alguma paixão toma conta de nossa vida, sofremos e fazemos outros sofrerem. É assim com os vícios da bebida, da droga, do jogo, da ganância, da concupiscência dos olhos, do orgulho em nosso interior. Há também a falta de *vigilância* com nós mesmos diante das tentações. Quando não evitamos as ocasiões de pecar, facilmente caímos no pecado da luxúria, da exploração do outro, do ódio, da vingança, da inveja, do orgulho, da vaidade. Quanta imprudência se comete com meios que nos levam ao pecado e a perder os valores cristãos, valores morais, valores humanos! É preciso tomar a decisão de não ir na onda do mundo, mas estar sempre na barca de Jesus!

5. Oração do dia

Espírito Santo de Deus, por intercessão de vosso apóstolo São Judas Tadeu, concedei-me nesta novena e em toda a minha vida a graça da purificação de meus pecados, de minhas paixões e de tudo o que me afasta de Deus. Iluminai, Divino Espírito, minha inteligência e minha alma, fortificai minha vontade e meu coração para afastar de minha vida cristã tudo aquilo que não é digno de Jesus. Meu bondoso protetor, São Judas Tadeu, ajudai-me a me aproximar de Deus e Ele se aproximará de mim. Amém.

6. Conclusão e Oração final *(p. 6)*

— 8º Dia —

ESCUTAR, FALAR, FAZER

1. Oração inicial *(p. 5)*

2. Oferecimento da novena *(p. 5)*

3. Palavra de Deus *(Tg 1,19-24)*

Cada um deve ser pronto para ouvir, mas moroso para falar e moroso para se irritar. Pois a cólera do homem não é capaz de realizar a justiça de Deus. Por esta razão, rejeitai toda a impureza e todos os excessos do mal, mas recebei com mansidão a Palavra que em vós foi implantada, e que é capaz de salvar-vos. Todavia, sede praticantes da Palavra, e não meros ouvintes, enganando-vos a vós mesmos.
— Palavra da Salvação.

4. Reflexão

Quantas vezes não conseguimos ser felizes porque não conseguimos ser "prontos para ouvir, morosos para falar, prudentes para agir, tardios para se irritar". É porque não praticamos ainda a Palavra de Deus que nos ensina a ser bondosos e mansos, como filhos de Deus. Quem ama a Deus conserva a paz no coração e a deixa transparecer no rosto, no escutar, no falar, no próprio agir. A bondade e mansidão são virtudes que nascem do amor de Deus. A caridade é benigna, mansa e humilde. Para você adquirir essa virtude, além de rezar e pedir, é preciso lançar-se em viver a Palavra de Deus. Escute o irmão como se escutasse Jesus. Fale com amor, sem ódio, nem exploração, e pronto a perder suas ideias a favor da união entre vocês. Fazer tudo, com amor, paz, mansidão, bondade, porque é a Jesus que você faz: "Tudo o que fizerdes ao menor de meus irmãos é a mim que o fazeis", disse Jesus (Mt 35,40). Experimente agir assim e grande será sua alegria!

5. Oração do dia

Bom Jesus, por intercessão de São Judas Tadeu, ajudai-me a ser manso e humilde de coração. Assim como São Judas foi exemplo em sua vida, ajudai-me a ser bondoso e misericordioso com os mais pobres e necessitados; com os doentes e os mais idosos. Fazei-me bondoso no falar, prudente no agir, sempre pronto e atento no ouvir a todos os que de mim se aproximarem. São Judas Tadeu, alcançai-me de Jesus a graça de ser instrumento da alegria e da paz, do perdão e do amor.

Livrai-me da tentação do ódio, das desavenças, de toda a irritação que rouba a felicidade e amarga a vida de meu próximo. Ajudai-me a viver e ser cumpridor da Palavra de Jesus. Amém.

6. Conclusão e Oração final *(p. 6)*

— 9º Dia —

A ORAÇÃO

1. Oração inicial *(p. 6)*

2. Oferecimento da novena *(p. 5)*

3. Palavra de Deus *(Mt 26,41; Rm 12,12)*

Vigiem e rezem para não caírem em tentação. Sejam perseverantes na oração. Em todas as necessidades, recorram à oração e à prece, envolvidas de agradecimentos, para apresentar seus pedidos a Deus. Recomendo a vocês que peçam, rezem, supliquem e agradeçam a Deus todos os homens. Rezem em todo lugar com mãos puras, sem ira e sem contendas.
— Palavra da Salvação.

4. Reflexão

Comunicar-se com Deus, conversar com Deus é o que se chama de Oração. Santo Afonso diz que a pessoa que reza tem o céu garantido. Entreter-se com Deus é uma necessidade constante em nossa vida. É difícil ter um amigo com quem não falamos, não nos encontramos, não conversamos, não nos desabafamos nas dificuldades. O amigo e irmão, o pai e a mãe se medem pelo acolhimento que oferecem quando a eles nos achegamos. Quem mais do que Deus nos acolherá com amor, com bondade, com perdão, com carinho? Quantas vezes São Judas Tadeu observou tudo isso em Jesus, quando conviveu com ele. São Judas aprendeu o valor e a necessidade de "orar sempre e nunca deixar de o fazer" (Lc 18,1) com Jesus, que, "despedindo o povo, subiu sozinho o monte para orar" (Mt 14,23). Você faz o mesmo, reservando um tempo para entreter-se com Deus na oração?

5. Oração do dia

São Judas Tadeu, meu santo protetor, eu vos peço a graça de rezar sempre, principalmente nos momentos das tentações que se apresentam para me separar de Deus. Alcançai-me a graça de rezar sempre, e cada vez mais me dedicar em estar com meu Senhor e meu Deus, na mesma intimidade com que conversastes com Jesus.

São Judas Tadeu, pelo grande amor que tivestes a Jesus, fazei com que eu seja fiel à oração cristã de cada dia, principalmente aos domingos, junto com minha Comunidade. Dai-me o dom de compreender que tudo posso, quando Jesus reza conosco, em Comunidade, pedindo ao Pai. São Judas, ajudai-nos. Amém.

6. Conclusão e Oração final *(p. 6)*

LADAINHA A SÃO JUDAS TADEU

Senhor, tende piedade de nós.
Jesus Cristo, tende piedade de nós.
Senhor, tende piedade de nós.
Jesus Cristo, ouvi-nos.
Jesus Cristo, atendei-nos.
Deus Pai do céu.
— Tende piedade de nós!
Deus Filho, Redentor do mundo.
Deus Espírito Santo.
Santíssima Trindade, que sois um só Deus.
Santa Maria, Mãe de Deus.
— Rogai por nós!
São José, esposo da Mãe de Deus.
Sagrada Família de Nazaré.
Glorioso São Judas Tadeu.
Seguidor fiel dos passos de Jesus.
Dedicado Apóstolo do Senhor.
São Judas, obediente a Deus até a morte.

Apóstolo zeloso pela Igreja de Jesus.
Mensageiro ardoroso do Evangelho.
São Judas Tadeu, por vossa bondade e poder.
— **Ouvi nossas preces!**
Por todas as nossas necessidades.
— **Ouvi nossas preces!**
Para que nos livreis de todo o mal.
Para que nos livreis de todo o pecado.
Para que nos livreis da morte eterna.
Para que tenhamos a paz e a concórdia em nossas famílias.
Para que nossos negócios sejam bem conduzidos.
Para que sejamos protegidos das desgraças.
Para que sejamos protegidos das heresias.
Para não trair nossa fé em Jesus e nosso amor a Maria.
São Judas Tadeu, ajudai-nos a ser de Deus.
São Judas Tadeu, convertei os pecadores.
São Judas Tadeu, estendei sobre nós vossa mão e dai-nos vossa bênção.
Cordeiro de Deus que tirais o pecado do mundo.
— **Tende piedade de nós!**
Cordeiro de Deus que tirais o pecado do mundo.
— **Tende piedade de nós!**
Cordeiro de Deus que tirais o pecado do mundo.
— **Dai-nos a paz!**
Rogai por nós, São Judas Tadeu.
— **Para que sejamos dignos das promessas de Cristo.**

Oremos: Ó Deus, que escolhestes São Judas Tadeu para ser vosso discípulo e apóstolo e o tornastes modelo de amor pela Igreja de Jesus, concedei-nos seguir seus exemplos na proclamação de nossa fé e na estima por vossa Igreja. Dai-nos, Senhor, a dedicação e o zelo que animavam seu coração, a coragem e o vigor de ser vossa testemunha em todas as circunstâncias e momentos de nossa vida. Amém.

CÂNTICOS

1. HINO A SÃO JUDAS TADEU
1. Rogamos-te, patrono, a tua intercessão nas dores, no abandono, nas penas, na aflição.
São Judas, consola os pobres, os filhos teus que esperam, suplicam a Paz, o amor de Deus!
2. O teu nome esquecido queremos relembrar. Torná-lo mui querido, fazê-lo retumbar.
3. Se chora a nossa alma premida pela dor, a suspirada calma derramas com amor.
4. Atende os nossos votos o céu é que nos diz, a graça aos teus devotos o teu Jesus prediz.

2. MINHA ALEGRIA
COMEP 0457 - Letra e Música: Pe. Sílvio Milanez
Minha alegria é estar perto de Deus. (bis)
1. Porém agora estarei sempre convosco, / porque vós me tomastes pela mão. (bis)
2. Porém agora cantarei a vossa glória, / como um povo consagrado ao vosso amor. (bis)

3. VIMOS TE ENCONTRAR
EPD 0233 - Letra: Edson de Castro; Música: Waldeci Farias
Vimos te encontrar em tua casa, ó Senhor! / Somos o teu povo, / reunido em teu amor. (bis)
1. Ó Pai, nos reunimos em torno do altar, / pra celebrar a Ceia, memória do Senhor. / Trazemos nossa vida, queremos te louvar. / Por aquilo que nos dás, nosso canto é gratidão.
2. Ó Pai, nos alegramos em torno do altar, / em celebrar a Ceia em nome do Senhor. / És fonte de alegria, queremos te seguir, / pois um dia nos darás um lugar bem mais feliz.
3. Ó Pai, nos encontramos em torno do altar, / pra celebrar a Ceia, presença do Senhor. / Perdão das nossas faltas queremos te pedir, / por aquilo que nos faz separar-nos de ti.

4. ELE TEM O MUNDO EM SUAS MÃOS
COMEP 0277 - Pe. Zezinho
Ele tem o mundo em suas mãos, / ele tem o mundo em suas mãos. / Ele é meu Deus e nosso Deus, / ele é meu Pai e nosso Pai.
1. Ele fez o universo. (bis)
2. Ele é quem me deu a vida. (bis)
3. Ele amou a humanidade. (bis)
4. Ele deu seu próprio Filho. (bis)
5. Ele me adotou por filho. (bis)

5. TUA VOZ ME FEZ REFLETIR
COMEP - Letra e Música: José Acácio Santana
1. Quando chamaste os Doze / primeiros pra te seguir, / sei que chamavas todos / os que haviam de vir.

Tua voz me fez refletir, / deixei tudo pra te seguir, / nos teus mares eu quero navegar. (bis)

2. Quando pediste aos Doze primeiros: / Ide e ensinai! / Sei que pedias a todos nós: / Evangelizai!
3. Quando enviaste os doze primeiros / de dois em dois, / sei que enviavas todos / os que viessem depois.

6. QUEM NOS SEPARARÁ? *(Rm 8,31-39)*
Quem nos separará, / quem vai nos separar? / Do amor de Cristo, quem nos separará? / Se ele é por nós, / quem será, quem será contra nós? / Quem vai nos separar / do amor de Cristo, quem será?...

1. Nem a espada ou perigo, / nem os erros do meu irmão; / nenhuma das criaturas, / nem a condenação.
2. Nem a vida, nem a morte, / nem tampouco a perseguição, / nem o passado, nem o presente, / ou futuro e a opressão.
3. Nem as alturas ou os abismos, / nem tampouco a perseguição, / nem a angústia, a dor, a fome, / nem a tribulação.

7. TU ME CONHECES
RCC 01

1. Tu me conheces quando estou sentado, / tu me conheces quando estou de pé. / Vês claramente quando estou andando, / quando repouso tu também me vês. / Se pelas costas sinto que me abranges, / também de frente sei que me percebes. / Para ficar longe do teu Espírito, / o que farei? Aonde irei, não sei.

Para onde irei? Para onde fugirei! / Se subo ao céu ou se me prostro no abismo, / eu te encontro lá. / Para onde irei? Para onde fugirei? / Se estás no alto da montanha verdejante / ou nos confins do mar!

2. Se eu disser: Que as trevas me escondam / e que não haja luz onde eu passar, / pra ti a noite é clara como o dia, / nada se oculta ao teu divino olhar. / Tu me teceste no seio materno, / e definiste todo o meu viver. / As tuas obras são maravilhosas, / que maravilha, meu Senhor, sou eu.

3. Dá-me tuas mãos, ó meu Senhor bendito, / benditas sejam sempre as tuas mãos. / Prova-me, Deus, e vê meus pensamentos. / Olha-me, Deus, e vê meu coração. / Livra-me, Deus, de todo mau caminho, / quero viver, quero sorrir, cantar. / Pelo caminho da eternidade, / Senhor, terei toda a felicidade.